Alphonse Loko Tsumbu

Yaya VITA KIMPA

Alphonse Loko Tsumbu

Yaya VITA KIMPA

Modelo de Liderança da Mulher

ScienciaScripts

Imprint

Any brand names and product names mentioned in this book are subject to trademark, brand or patent protection and are trademarks or registered trademarks of their respective holders. The use of brand names, product names, common names, trade names, product descriptions etc. even without a particular marking in this work is in no way to be construed to mean that such names may be regarded as unrestricted in respect of trademark and brand protection legislation and could thus be used by anyone.

Cover image: Disponibilizado pelo autor

This book is a translation from the original published under ISBN 978-613-9-56346-3.

Publisher:
Sciencia Scripts
is a trademark of
Dodo Books Indian Ocean Ltd., member of the OmniScriptum S.R.L Publishing group
str. A.Russo 15, of. 61, Chisinau-2068, Republic of Moldova Europe
Printed at: see last page
ISBN: 978-620-2-59169-0

Yaya VITA KIMPA

Modelo de Liderança da Mulher

Alphonse LOKO TSUMBU

"Muana Mbanza".

Sob a orientação de

Simon - Floribert BUETUSIWA - DIAMI KIMBETE

"Buediaki".

Bibliotecário - Documentalista e Comunicador

Em desenvolvimento

DEDICACE

Como uma homenagem aos meus pais:

Papa Janvier Raphaël LOKO NITU e Mama Marie MUENDO TEMBO, ambos no Além.

PREÂMBULO

Estamos num contexto puramente histórico e cultural cujo tema escolhido corresponde à preocupação de dizer a verdade a fim de apagar confusões sentimentais para os mortais comuns.

Como sempre sublinhámos, a gratidão é uma verdadeira virtude, um valor moral e social na nossa vida diária e o seu exercício exige a recuperação de muitos públicos e bênçãos para os beneficiários, razão pela qual queremos reabilitar a Yaya Vita Kimpa neste livro.

Consciente do princípio sacrossanto do direito universal à autodeterminação cultural dos povos, é de salientar que nenhum povo é inferior a outro.

A identidade de um povo engloba as características da sua cultura através da sua história, dos seus valores espirituais, morais e sociais, da sua religião e mesmo da sua escrita. A ignorância do seu património identitário obriga a uma vida de subjugação. É neste contexto que Muammar Gaddafi, antigo Chefe de Estado líbio, insinua no seu Livro Verde: "A verdadeira lei de uma sociedade é o costume ou a religião - qualquer outra tentativa fora destas duas fontes é inútil e ilógica".

Na era de Aquário, cada povo tem o dever de preservar e conservar os seus valores acima referidos.

É importante lembrar que Mfumu Akongo, o Deus Todo-Poderoso Criador do céu e da terra, diversificou as raças humanas. Ele é omnipresente, omnisciente e omnipotente. No seu atributo de amor, ele nomeou um génio supervisor para cada raça.

Na verdade, não pertence a um povo impor a sua religião a outro, torna-se uma violação da lei sagrada. Como o Deus Yahweh é o Deus de

Israel. É por isso que os nossos antepassados ficaram no Nzila Kongo, porque o país se chamava Kongo dia Ntotela ou Império Federal do Kongo. A sua população era chamada "Bakongo" e a sua religião, Kinzambi kia Kongo.

Yaya Vita Kimpa, esta virgem de Mbanza Kongo, Nabi Kongo mandatada pelo Grande Conclave de Muela Kongo, soube defender o seu país e lutar contra o imperialismo dos invasores portugueses com o seu notável carisma até ao seu último suspiro, em 2 de Julho de 1706.

Com efeito, a produção e a escrita de uma obra requer assistência, uma vez que se trata de um trabalho delicado. Por isso, gostaríamos de agradecer ao Maître Puati Ngoma, Director da Mesa Política do ABAKO e Director de Gabinete do Presidente da Assembleia Provincial do Kongo Central, pelo seu encorajamento, ao Director Simon Floribert Buetusiwa-Diami Kimbete da Antena da Biblioteca Nacional de Matadi, pela sua supervisão, ao Sr. Alphonse Nzau Nduli, ao nosso cadete Clément-Alphonse Ngumbi Mathandu, aos Srs. Jérôme Casimir Vangu Nguala, Isaac Diasonama Nsunda, Pépito Mavungu Malila, Tchippi e Makuanga.

Não esquecemos as senhoras: Mpemba Loko, Scholastique Luntadila Kianda, Makitu Ledi, Ngalula Gladys Balekelay, Joséphine Tsoluka, a lista não é exaustiva.

Que encontrem aqui a expressão da nossa gratidão final.

Que assim seja!

PREFÁCIO

Lançar luz sobre a personagem de Yaya Vita Kimpa, modelo de Liderança e gestora do Império do Kongo no século XVIII é a preocupação do escritor-jornalista independente, analista cultural, Alphonse Loko Tsumbu.

Projécteis que impedem a falsidade e a denigração do carácter de Yaya Vita Kimpa para o elevar à categoria de modelo de Liderança e Gestora Feminina da época.

Para isso, o nosso eminente autor considera oportuno examinar as origens, falando primeiro da chegada dos seres celestiais à Terra no assentamento do Bakongo, na África Central, e depois da descoberta do rio Kongo no declínio do Império. Yaya Vita Kimpa aparece ali como o fruto de uma espiritualidade elevada baseada numa missão divina.

O Escritor-Jornalista Independente, Analista Cultural, Alphonse Loko Tsumbu, vulgo Muana Mbanza, através desta publicação desperta a consciência das mulheres do mundo.

Ele merece todos os nossos elogios pelo seu contributo histórico para a emergência da liderança e a reabilitação de Yaya Vita Kimpa na memória colectiva.

Clément-Alphonse NGUMBI-MATHANDU TOVO

INTRODUÇÃO

O nosso livro intitula-se: Yaya Vita Kimpa Model of Women's Leadership. Está subdividido em três capítulos, o primeiro começa com a vinda dos seres celestes da Terra para o povoamento dos Bakongo na África Central a partir do antigo Egipto.

Destaca os antepassados originais das raças, do Egipto Antigo e faraónico, o seu auge e declínio.

Relata a aliança mística com Na Lukengo, o filho de Ne Nzala Mpandu que é o antepassado original da grande raça negra mundial de origem bantu e bakongo.

Como o Império do Kongo é considerado o perímetro cultural e ambiental de Yaya Vita Kimpa, sugerimos a sua visão histórica, a sua localização e até a sua organização estrutural.

O segundo capítulo começa com a descoberta da foz do rio Kongo por Diego Cao até ao declínio do Império. Relaciona o encontro deste último com o Imperador em 1487, a sua conversão ao catolicismo romano materializada pelo seu baptismo em 3 de Maio de 1491.

Conta o início da incursão portuguesa neste vasto Império, a morte do Imperador Nzinga Nkuwu em 1506, a nomeação do Príncipe Mpanzu a Nzinga ou Mpanzu a Lumbu, seguida do seu assassinato sob a ditadura dos Sacerdotes e a sua substituição pelo seu irmão mais novo Ne Mvemba Nzinga, Os infelizes acontecimentos do reinado de Ne Mvemba Nzinga de 1507 a 1542 foram seguidos por um plano maquiavélico de desestabilização e balcanização do Império de Norte a Sul, causando agitação, rebeliões e sucessões apesar da brilhante ideia de assinar o Pacto de Paz e Aliança com Portugal.

Este país acabará por impor o seu veto e a sua ditadura ao Império Kongo. Após a morte de Ne Nkanga Lukeni em 1661, será sucedido pelo seu filho, o corajoso guerreiro Imperador Vita Nkanga. Mas, infelizmente! Muito determinado em combater e salvaguardar a integridade e unidade do seu país, o Império do Kongo.

29 de Outubro de 1665; deflagração da guerra de Mbuila, o Imperador Vita Nkanga será gravemente ferido e decapitado. Esta vitória portuguesa sobre o Império acentuou o tráfico de escravos negros pelos ingleses, franceses, holandeses e portugueses.

Quanto ao terceiro capítulo, centra-se no personagem ilustre e intitula-se Yaya Vita Kimpa modelo de liderança feminina no Império do Kongo.

Relata as notas biográficas da heroína, o seu despertar patriótico, a sua missão divina materializada pelo renascimento do Império. Ela própria investiu nesta vasta obra de reconstrução do país e da histórica e milenar Cidade Santa de Mbanza Kongo.

Refere-se também à sua proeza, liderança e qualidades de gestão. O seu carisma assustou os invasores portugueses, foi um travão e um estrangulamento para a realização da sua missão imperialista.

Após quatro anos de ministério sacerdotal, os missionários capuchinhos emprestaram-lhe as suas intenções. Prenderam-na e julgaram-na num julgamento falso e queimaram-na viva em 2 de Julho de 1706.

CAPÍTULO I:

VINDA DOS SERES CELESTES DA TERRA PARA A INSTALAÇÃO DO BAKONGO NA ÁFRICA CENTRAL

I.1. ANTEPASSADOS ORIGINAIS DAS RAÇAS

Os antepassados originais da raça branca são Adão e Eva, enquanto a raça negra vem de Ne Nzala Mpandu e Mama Nkenge Lufuma. A raça amarela vem de Mbuta Izanagi e Izanami, os seus descendentes são os povos japoneses, coreanos, chineses, vietnamitas, cambojanos, etc.

Todas estas raças tinham como perímetro ambiental o Jardim do Éden, abrangendo o Egipto, Núbia, Etiópia, Kana, Israel actual. Com o passar do tempo, a transgressão da lei sagrada afundou este reinado paraíso terrestre.

I.2. PANORÂMICA DO EGIPTO ANTIGO
I.2.1. EGITO FARAÓNICO

A primeira experiência de grande civilização dos guias divinos vem do antigo Egipto com a sua religião solar. As pirâmides eram grandes universidades onde a população recebia uma educação multifacetada.

As Pirâmides de Gizé

Localizadas nos arredores da cidade do Cairo (no Egipto), as três grandes pirâmides de Gizé são as mais famosas das pirâmides egípcias: da esquerda para a direita, a pirâmide de Mykerinos, a pirâmide de Khephren e a pirâmide de Cheops.

Karen Petersen

I.2.1.1. <u>Apogeu do Egipto Antigo</u>

I.2.1.1. <u>Apogeu do Egipto Antigo</u>

Esta grande civilização que irradiava em África atingiu o seu apogeu em 4.000 a.C. antes da Era Pisceana, ou seja, antes de Jesus Cristo.

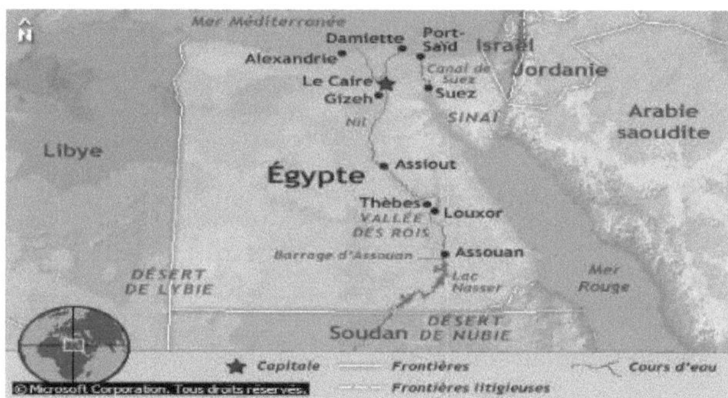

Mapa do Antigo Egipto

Caracterizou-se por esta sinergia perfeita entre ciência, religião e política. Depois veio um longo período de prosperidade sem precedentes.

Em 1.300 a.C., o grande faraó negro Kenatu e os seus seguidores foram expulsos do Egipto e refugiaram-se na Etiópia.

Ao elogiar a supremacia da civilização egípcia: "... *os antigos europeus, as forças motrizes das civilizações helenística e romana, reconheceram, não humildemente mas honestamente, que para formar as suas respectivas civilizações tinham sido extraídos das civilizações dos negros das margens do Nilo, isto é, dos etíopes egípcios.*

No início, recordo-vos, o Egipto era uma colónia etíope liderada pelo OSIRIS[1].

Aquilo a que hoje chamamos os Padres da Matemática e da Filosofia aprenderam as suas ciências no Egipto.

Após doze anos de formação nas pirâmides, Planton e Eudoxe passaram a figurar entre os famosos matemáticos gregos.

Este é o legado da mais antiga civilização chamada Antigo Egipto.

Em todo o caso, todas as grandes civilizações do mundo herdaram o seu conhecimento do antigo Egipto, todos estes grandes estudiosos Tales, Pitágoras estudaram ali: *"Pitágorc* decididamente muito activo, transplantou o esoterismo dos padres egípcios para o seu país, introduzindo a primeira das sociedades secretas estruturadas, onde apenas os iniciados entravam nos campos científico e metafísico"*.[2]

Jean-Claude NTUALA KUMPUNY acrescentou: " *... quanto a Thales de Milet, as suas biografias confirmaram formalmente que aprendeu geometria e astronomia no Egipto".* [3]

---

[1] Jean-Claude NTUALA KUMPOUNY, Lettre à Kimpa Vita, Editions Mabiki, Ware-Bruxelles, Kinshasa, 2013, Página 68.
[2] Idem
[3] Ibidem

Durante o Egipto, houve o Faraó, que é um título honorífico e real, escolhido por sacerdotes e sábios. O primeiro Faraó foi Ne NKENI, este título de Faraó foi considerado a encarnação do sol nascente. No tribunal faraónico, encontramos os padres, o Primeiro-Ministro e os seus ministros, o Comandante-em-Chefe do Exército, os escribas. Em suma, toda uma organização com uma administração sólida.

Este antigo Egipto era habitado principalmente por negros. O faraó usava uma coroa à cabeça de uma serpente sinônimo de sabedoria divina, ou seja, essa simbiose entre o amor e a inteligência criativa.

Nota especial

Entre as tribos negras que viviam no antigo Egipto encontram-se os Bakongo, o povo maioritário, os Wolof, que são facilmente encontrados no Senegal, e os imigrantes judeus de Kana, Israel actual.

Nas artes marciais, a faixa preta simboliza o auto-controlo. Curiosamente, na mitologia ocidental (greco-romana) era venerada uma virgem negra. Nos tempos antigos, na Etiópia, o Senhor Júpiter colocava um buraco negro acima de uma montanha.

Senhor Akongo, o Deus Todo-Poderoso criou o sol branco, atrás dele há um sol negro, segundo Ne Muanda Nsemi, no seu livro: Malongi Makimayala ye Kinzambi, Edições Mpolo-Ngimbi, Setembro e Outubro de 2019, Kinshasa.

I.2.1.1. <u>Declínio do Antigo Egipto</u>

A inversão dos valores espirituais trazidos pelas raças estrangeiras, especialmente a bestialidade, os homens começaram a pôr animais, a homossexualidade, o canibalismo afundaram esta civilização após vários milhares de anos de glória e prosperidade.

I.3. ALIANÇA MÍSTICA COM NA LUKENGO

No tempo mais remoto, oito seres dos alienígenas desceram à terra numa carruagem de fogo do grande sol SIRIUS acompanhados por Ne NZALA MPANDU e Mama NKENGE LUFUMA que são os dois antepassados originais da grande raça negra mundial.

Os antepassados Ne NZALA MPANDU e Mama NKENGE LUFUMA deram à luz doze crianças que são as seguintes: Na Lukengo, Mulangu, Ndinda, Mulambi, Nkombo, Madionga, Kana, Kimbu, Ngombe, Kanioka, Kalombo e Lubaki.

Na LUKENGO era o filho mais velho apelidado de Lendo Bansisila mu nza. O guia destas doze crianças, ele tinha uma dieta vegetariana e comia ovos. Na Lukengo viveu no vasto planalto da Etiópia, tendo atingido a idade de 720 anos.

Prevendo o seu regresso, estes seres celestes habitaram a cidade de Tonoti e deram-lhe uma pedra sagrada negra chamada: Makaba ou Makongo. Depois voltaram para o céu, para o planeta luminoso de Kakongo. Prometeram-lhe a vinda do ceptro da vida chamado Nkua Tulendo, que virá do céu no tempo predito pelo Senhor Akongo. Muito triste, o Anjo do Senhor tranquilizou-o quanto à sua descendência, da qual virá o povo escolhido para a raça negra do mundo, o Bena Kongo.

I.4. ORIGEM DA GRANDE RAÇA NEGRA

I.4.1. ORIGEM DO BANTU

Várias pesquisas têm sido feitas e muita controvérsia tem sido observada sobre este assunto, mas inspirada pela memória da natureza, o grande mestre Ne MUANDA NSEMI, o cientista confere esta versão do Kongo Dieto 3390: "Depois da última inundação que atingiu o planeta Terra, os sobreviventes humanos desta catástrofe tornaram-se pigmeus, pequenos em tamanho.

Para registar o código genético dos pigmeus, um grupo de filhos do céu (extraterrestres), de raça negra, deixou o Sol da ZITA dia NZA, o centro do mundo siriano, e chegou ao planalto da Etiópia. Eles misturaram o seu sangue por casamento com o sangue dos pigmeus. O resultado foi o povo negro alto chamado BANTU. Os bantu são, portanto, uma mistura do sangue dos pigmeus com o sangue dos filhos do céu, proveniente de uma estrela que se encontra na periferia do sol de Zita dia Nza, do sol de Sirius. Esta estrela chama-se Mbuetete ya Kakongo..[4]." .

I.4.2. BAKONGO EAGLE

Neste contexto, mantivemos duas abordagens originais ao Bena Kongo ou Bakongo, a primeira das quais vem do antepassado NIMI KONGO que teve como esposa Mama NGUNU, de quem nasceram três filhos: dois rapazes, NSAKU e MPANZU, depois uma rapariga, Yaya NZINGA.

Ne Nsaku representa a religião, ele é a encarnação da religião, da cor azul, ou seja, o Sumo Sacerdote, MPANZU, o homem da ciência e da

___

[4] Ne MUANDA NSEMI, Les Bantu en Afrique Centrale, Kongo Dieto 3390, Edições Mpolo Ngimbi, Kinshasa, Junho de 2019, Página 1 - 3.

tecnologia, da cor amarela. Enquanto Yaya NZINGA encarna o poder ou o poder, a cor vermelha. Todos os clãs dos Bakongo provêm destes três antepassados que representam os três filhos sagrados do antepassado Nimi Kongo.

A segunda abordagem à história sagrada tradicional do Kongo é ilustrada da seguinte forma: "A tradição Kongo ensina que os Bakongo são um povo negro, nascido na Etiópia a partir de uma mistura de sangue, por casamento entre os filhos de Tami (Tamil) da Índia e os Bena ba zulu, os filhos do Céu da estrela luminosa Kakongo"[5].

Após o declínio do antigo Egipto, o Deus, Ne Muanda Kongo mandatou o seu povo para uma missão para se instalar na África Central, a fim de fecundar física e misticamente toda a África.

Estando no crepúsculo de sua vida, o ancestral Nimi chamou seus filhos e os abençoou de acordo com sua missão divina: Em Ne Nsaku, o céu se abriu, o espírito de Deus desceu nele em forma de pomba azul, e revelou isto: *"você é a encarnação do amor de Deus"*, quanto ao ancestral Mpanzu, o espírito de Deus desceu em forma de leão. Em Yaya Nzinga, o espírito de Deus desceu até ela sob a forma de um chapéu vermelho. Este é o espírito de Ne Yala.

É por isso que o tapete vermelho é utilizado nos eventos oficiais em que participam os Chefes de Estado. Vejamos, não é coincidência.

Recordemos também que, em 960, antes de Jesus, Mama MANKENDA SABA, que vivia na Etiópia, casou com Sua Majestade o Rei Salomão. Toda a sabedoria deste último, herdou-a da religião solar do antigo Egipto praticada pela Rainha de Sabá. Podemos ilustrar isto com a estrela de seis pontas. Mesmo o Israel actual, o Kana, era então habitado pelos negros

---

[5] Ne MUANDA NSEMI, Vérité et réconciliation, Edições Mpolo Ngimbi, Kinshasa, 1998, Página 6

quase exterminados. Este casamento deu origem a grandes descendentes, razão pela qual havia muitos etíopes em Israel, as falanges.

Por ordem formal do Arcanjo Ne Muanda Kongo, o divino Rei do Bena Kongo, este povo saiu do Egipto para se reunir na Etiópia. A sua viagem migratória deste território para a terra prometida de Kongo dia Ntotela demorou muito tempo.

O Bena Kongo deixou vestígios e efeitos secundários. Na Namíbia, por exemplo, encontramos o Bahelele que eles tentaram exterminar durante a colonização.

Parafraseando esta longa viagem migratória, o escritor e jornalista independente Loko Tsumbu disse: "... *O Bena Kongo deixou a sua marca em certas regiões, mas nunca deixaram de transgredir a lei divina. A título de ilustração, construíram templos de pedra no Zimbabué, cuja origem etimológica significa templo de pedra...".*[6]

I.4.3. <u>ETIMOLOGIA DO KONGO E DO PREFIXO NE KONGO</u>

I.4.3.1. ETIMOLOGIA DO KONGO

Kongo é a palavra mais sagrada do planeta Terra, porque o nosso Deus é chamado "Ne Kongo Kalunga, que significa o Deus omnipresente". Ele tem três primeiros atributos: Amor, Inteligência Criativa e Poder ou Poder.

No primeiro atributo, ele é chamado Ne Kongo Kalunga, na época do antigo Egito. Foi referido como Na Kongo Ka. Quanto ao segundo atributo, Ele é Ne Mbumba wa Wumba Zulu ye Ntoto, o Deus onisciente, o

---

[6] Loko Tsumbu A, Joseph Kasa Vubu et l'indépendance de la République Démocratique du Congo, Editions Bibliothèque Nationale Matadi, Abril de 2017, Página 7

Criador do céu e da terra. Quanto ao terceiro atributo, Ele é Ne Mpungu Tulendo, Ele governa o céu e a terra.

I.4.3.2. PREFIXO NE KONGO

É uma aberração ter introduzido este pseudo-prefixo na memória colectiva do Kongo, porque os Bena Kongo que são filhos de Deus, são Bena Kongo ou Bakongo e não Ne Kongo.

A palavra sagrada Kongo tem muitas ramificações em toda a África Central e Austral, no Gabão encontramos uma aldeia chamada KONGO dia MBUMBA. Na configuração antiga da região do Equador, na região do DR. O Congo, os povos Bapoto e Bangombe chamam o Deus Todo-Poderoso em nome de AKONGO. Em Bandundu, os Bambala celebram todos os anos a glória do KONGO dia NTOTELA na sua tradição, enquanto o chefe tradicional de Basuku é chamado MENI KONGO.

Curiosamente, na República Democrática do Congo, na província do Kongo Central, querido ao Grande Mestre Kimbangu e a Mfumu Kasa Vubu, no ex. O Distrito de Bas-Fleuve, território de Lukula, é o Sector de KAKONGO. Kakongo, o planeta luminoso de onde veio o antepassado original da grande raça negra do mundo, Ne Nzala Mpandu, o homem com sede de conhecimento.

Os nacionais do sector acima referido são duas vezes nacionais de Bakongo, porque pertencem tanto à província do Kongo Central como ao sector de Kakongo.

Note-se que *"os Batsokue, os Lunda são Bakongo". Os Ngombe são Bakongo que viveram no país de Kangu (Camarões), mas as guerras coloniais do século XV obrigaram-nos a emigrar para o Equador, na República Democrática do Congo*[7].

---

[7] Ne Muanda Nemi, Kongo Dieto 640, Kinshasa, 26 de Outubro de 2009

"Na Zâmbia e no Katanga, os Balunda dizem que o seu clã se chama TUKONGO, que significa TU - Kongo".[8]

I.4.3.3. A LÍNGUA KIKONGO E A SUA SOBREVIVÊNCIA

O Kikongo tem a sua origem no planeta luminoso de Kakongo, o Deus Muanda Kongo legou-nos esta língua para usarmos durante toda a nossa existência na Terra.

Mesmo no antigo Egipto, este veículo de comunicação, a língua kikongo, ainda existia. Além disso, a língua original hebraica provém do kikongo falado no Egipto. O ISRAEL é composto pelos nomes de três génios egípcios:

ISIS   : Génio Feminino

RA   : O sol

EL   : Vem dos Elohim, que significa Deus.

Há já algum tempo que o Bena Kongo tem tendência para falar Lingala, que está a suplantar todo o perímetro cultural do Kongo. Temendo esta aculturação, os professores do Kongo das universidades e institutos superiores denunciaram esta fagocidade linguística, ilustrando o belo exemplo das autoridades coloniais e dos missionários: *"... as autoridades coloniais e os missionários europeus fizeram enormes esforços para administrar e evangelizar o Bena Kongo, bem como os outros povos deste país, na sua própria língua..."*.[9]

Defendendo a identidade cultural Kongo, o grande mestre da sabedoria Kongo, não disse: *"A cultura de um povo é a alma desse povo, do qual a sua língua continua a ser o principal veículo"*.

---

[8] Ne Muanda Nsemi: Bakulu Batatu, Edições Mpolo Ngimbi, Kinhasa, RDC, 1987, Página 16
[9] Memorando Aberto dos Professores das Universidades e Institutos Superiores ao Presidente da República Democrática do Congo, SE, Kinshasa, Setembro de 2002

Sugerindo a importância da língua Kikongo e da sua sobrevivência, no seu periódico ou newsletter chamado Kongo Dieto 1388: *"A linguagem que usamos todos os dias evolui, desenvolve-se, porque tudo evolui no universo".*

E prosseguiu: " *... Assim, o Bena Kongo tem a obrigação sagrada de usar a sua língua kikongo em todas as áreas da vida quotidiana: caso contrário, esta língua estagnará, depois retirar-se-á e desaparecerá no mundo, como o latim romano.*

Yaya Vita Kimpa durante todo o seu ministério sacerdotal utilizou apenas o Kikongo de Mbanza Kongo. Os homens eram chamados *"Mbuta"* enquanto as mulheres eram chamadas *"Bayaya"*.

O Padre VAN WING fez extensos estudos sobre o Império do Kongo e estava preocupado com a sobrevivência da língua kikongo durante o período colonial belga.

Quando o Padre Rafael de la Quétule foi transferido de Leopoldville, o actual Kinshasa, para a capital Leopoldville, tendo regressado à capital Leopoldville, começou a pregar em Lingala. Sentindo o perigo da referida língua, o Padre VAN WING, um grande amigo de Mbuta Edmond Nzeza Nlandu, terá interesse em criar uma associação cultural para a promoção da língua kikongo e sua sobrevivência. Tal é a génese da criação da Aliança de Bakongo no plano amigável chamado "ABAKO", enquanto no plano espiritual é Mfumu Kimbangu estar no crepúsculo da sua vida que expressará um pensamento sobre a próxima independência do Congo belga e de todos os povos oprimidos. Mbuta Nzeza Nlandu captou o seu pensamento e criou o ABAKO.

Somos obrigados a fechar rapidamente este parêntese significativo, mas devemos ter presente que cada líder é sempre inspirado por um modelo.

À linguagem, é necessário sublinhar a escrita que foi utilizada desde o antigo Egipto pelos nossos antepassados. Vários pareceres estão de acordo e afirmam a existência de uma escrita. O curador do Museu Real de Mbanza-Kongo, Sr. Luntadila Lunguana, dirá: *"Os portugueses já nos tinham conhecido, já usando a escrita". Eles tinham feito tudo o que podiam para apagar todos os vestígios"*.

Ele acrescentou: *"Nos tempos modernos, temos o Mandombe. Os Kimbanguistas parecem ter-se apropriado dela, mas temos informações de que começaram com ela nos anos 70, enquanto em Mbanza-Kongo já existiam sinais do Mandombe antes dos anos 60. Na parede em Kulumbimbi, há a primeira e última letra. O famoso pelekete paquistanês pakundundu"*[10].

Kulumbimbi, cemitério dos antigos reis do Kongo

Vale a pena salientar que David Wabeladio Payi, um fervoroso crente kimbanguista e alegado inventor do roteiro do Mandombe, só o reabilitou, tal como existia antes da chegada dos portugueses ao Reino do Kongo.

---

[10] LUNTADILA LUNGUANA, Curadora do Museu Real de Mbanza-Kongo, Angola, Declaração sobre a comunicação Wattsap de 11/02/2020

I.4.4. <u>SAÍDA DO BAKONGO DO ANTIGO EGIPTO PARA A ÁFRICA CENTRAL</u>

Todas as raças humanas são uma obra perfeita de Deus, e é por isso que Ele as diversificou. Cada um deles tem um povo escolhido, o povo japonês é o povo escolhido por Deus para a raça amarela, enquanto o Bena Kongo é o povo escolhido por Deus para a raça negra do mundo.

Materializando a sua missão, está escrito: "Na época do declínio da civilização egípcia, no ano 220 a.C., antes da Era Pisceana, dirigindo-se ao povo Kongo, através do grande Magus MBEMBA ZULU (a Águia do Céu), o Senhor nosso Deus disse :

Vocês são o meu povo escolhido.

Os vossos primeiros antepassados vieram do espaço, mas vós nascestes na Etiópia.

Eu trouxe-vos para o Egipto.

Agora vou tirá-lo do Egipto.

E estou a enviar-vos muito para além da Etiópia:

Ser a cabeça e o coração desta grande região de Ntimansi que vai desde o Oceano Katiopa, Kalunga, até às nascentes do Nilo.

Viverão na terra da promessa do grande Rei, o grande Mani Kongo, que virá do céu, do espaço.

É aqui que as profecias serão plenamente cumpridas.

Pois em verdade, diz o Senhor.

Quando os filhos do mundo das trevas conseguem desviar colectivamente os povos da terra do caminho certo,

A luz que irá reabilitar o mundo virá do Kongo dia Ntotela:

Nos momentos designados pelo Senhor,

Quando a Estrela da Promessa chega à Central do Kongo[11].

I.5. VISÃO GERAL E LOCALIZAÇÃO DO IMPÉRIO DO KONGO

I.5.1. VISÃO GERAL DO IMPÉRIO KONGO

Não podemos abster-nos de circunscrever o Império do Kongo, o perímetro ambiental em que esta valente profetisa viveu.

Sob a liderança do Grande Mago Ne Mbemba Zulu, que significa Águia do Céu, ordenou a reunião do Bena Kongo espalhado no Egipto, ao longo do rio Nilo, em Madian, Kana, para vir instalar-se na África Central.

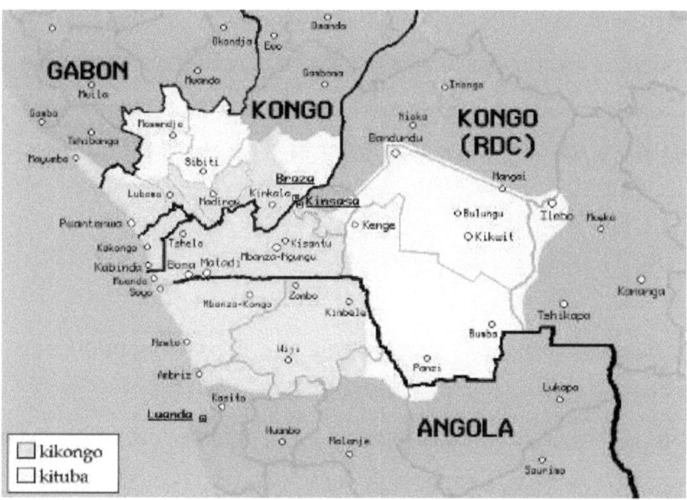

Fonte: Wikipedia (Kituba = Kikongo deformado pelos colonizadores)

Este império falsamente substituído pelos pseudo-etnólogos-históricos como um Reino, constituía uma vasta extensão.

---

[11] Ne Muanda Nsemi, Vérité et réconciliation, Edições Mpolo Ngimbi, Kinshasa, 1998, Página 6

Concordando com a definição conceptual de Eric MAMPUYA que dirá: " ... *Um Império é um conjunto de territórios liderados por um Imperador e a sua extensão qualquer grande estado multiétnico cujo poder está centralizado. O kongo é logicamente mais um Império do que um Reino, porque este último termo é integrado pela dimensão da multiterritorialidade*".[12]

I.5.2. LOCALIZAÇÃO DO IMPÉRIO DO KONGO

Após o declínio do Egipto e a reunião dos Bakongo na Etiópia a caminho da África Central, no século VII d.C. Ocuparam o norte da Namíbia, parte da África do Sul, Angola, Congo Brazza e até ao sul dos Camarões.

Podemos ilustrar esta afirmação com esta referência: "... *Assim, já no século VII da Era do Peixe, os Bakongo ocupavam o vasto território africano desde o norte da Namíbia até ao sul dos Camarões...*".[13]

I.6. BREVE HISTÓRIA DO IMPÉRIO DO KONGO

A nossa investigação demonstrou que a rota migratória e a sua fixação na terra prometida de Kongo dia Ntotela era longa.

"No ano 320 da Era dos Peixes: sob a liderança do Grande Mago Nimi a Lukeni, os Bakongo ocuparam as terras da região fluvial a que chamaram terras Kuandu, Kubangu, Okavangu, Kunene e fundaram a primeira casa nacional do Kongo à qual deram o nome de KONGO dia MPANGALA, cujo Mpumbu do sul é o Ovambu.

---

[12] Eric MAMPUYA, Notas não publicadas, For.Wikipedia.org, Wiki, Kingdom of the Kongo, S. D.

[13] Ne Muanda Nsemi, L'Histoire du Kongo Central, Edições Mpolo Ngimbi, Kinshasa, Agosto de 1990, Página 13

No ano 424 da Era dos Peixes: sob a liderança do Grande Mago Ne Kodi Puanga, os Bakongo ocupam as terras da região onde correm os rios a que dão os nomes de Kuangu, Luangu, Kuilu, Lulua e encontraram uma segunda casa nacional à qual dão o nome de KONGO dia MULAZA. Esta lareira acabou por abranger as terras do Lago Mandombe, agora Mayi-Ndombe e Bushongo.

No ano 529 : sob a liderança do grande guerreiro NE TUTI dia TIYA, o povo Bakongo, saindo de Kuangu, Kuilu ocupa o planalto de Bateke, atravessa o rio ao qual dão o nome de MUANZA e funda a terceira casa nacional do Kongo ao qual dão o nome de KONGO dia LUANGU e também KONGO dia MBUMBA. O Kongo dia Luangu acabou por englobar as terras do actual Gabão e do sul dos Camarões, até ao Nkongo Samba.

No ano 690 da Era dos Peixes: sob a liderança do Grande Magus NA KULUNSI, o Bakongo chega à região entre os rios Muanza, Kuanza, o Oceano e Kuangu. Os Bakongo magi dão o apelido de NTIMANSI. Ntimansi, o coração do leão para a região.

Um grande génio solar portador de luz azul revelou que Kiandu Kia Nkosi, Ntima Nkosi e Kua Nkosi formam o Kongo dia Kati...".[14]

---

[14] Ne Muanda Nsemi, l'Histoire du Kongo Central, Edições Mpolo Ngimbi, Kinshasa, Agosto de 1990, Página 12

I.7. ESTRUTURAÇÃO E INFLUÊNCIA DO IMPÉRIO DO KONGO EM ÁFRICA E NO MUNDO

I.7.1. <u>A ESTRUTURAÇÃO DO IMPÉRIO DO KONGO</u>

I.7.1.1. No plano constitucional

I.7.1.1.1. Componente administrativa

A Constituição, ou seja, a lei fundamental é chamada KODIA dia MOYO. O país foi subdividido em kilansi, as províncias, que por sua vez foram subdivididas em Kimbuku ou distritos. Os distritos foram divididos em Kikayi ou territórios e os territórios foram subdivididos em Mu Mvuka até aldeias ou Vata.

I.7.1.1.2. Componente judicial

O Imperador segurava uma cana com três nós simbolizando as três decisões das quais:

➢ <u>A primeira</u> consiste em detectar a inocência do arguido;
➢ <u>A segunda</u>: o arguido é condenado a uma pena simples;
➢ <u>A terceira</u> é que o arguido está a enfrentar a pena de morte.

Yala Nkuwu, a árvore onde costumavam levar
as grandes decisões imperiais
Foto A. Loko Tsumbu

I.7.1.1.3. Componente de potência imperial

Ele tinha uma espada de poder chamada "Mbele a Lulendo". Ele caiu sobre uma cadeira colocada na pele do Leopardo, o animal totem da raça negra do mundo, simbolizando a realeza ou a chefatura. Esta pele era estritamente proibida a qualquer pessoa de a segurar, correndo o risco de insultar o Imperador.

O Imperador, uma vez eleito pelos príncipes, foi entronizado pelos Ngudi za Nganga antes de o povo se ter reunido para o efeito.

É importante notar que o Clã Nsaku tinha pouco acesso ao poder imperial, uma vez que todos os membros do clã eram todos sacerdotes. No entanto, poderiam também servir como senadores, os guardiães da Lei Sagrada.

O mesmo é válido para os príncipes do Soyo, um dos seus antepassados violou a lei sagrada. Quanto a eles, eram responsáveis pela segurança marítima do Império do Kongo a partir da foz do rio Kongo.

Assim que o povo se revolta contra os anti-valores, os Ngudi a Nganga confiscam o poder até à restauração dos valores morais e espirituais (Teocracia).

I.7.1.1.4. Forma da componente do regime

Uma vez redigida uma constituição, esta foi submetida à aprovação do povo denominado NGIUVUSA NKANGU, ou seja, ao referendo. Os ministros chamavam-se NDINGISI. Inspirado no cosmos, o Império do Kongo tinha optado pela forma federal, o sistema federal. Daí a expressão Kongo dia Ntotela que significa o Império federal, cuja palavra Ntotela também significa o convocador.

O unitarismo centralizador constitui um obstáculo à vontade divina, porque Deus é o primeiro descentralizador, os planetas e galáxias gozam de autonomia no seu funcionamento.

I.7.1.2. Aspectos culturais, comunicacionais, educativos e diplomáticos

No aspecto cultural, a música considerada na nossa opinião como a expressão universal de todos os povos do mundo, no Império Kongo, os Tam-tam, Nsansi, Ngongi, Mpungi, Biti, Mondo, serviram como instrumentos de comunicação. A dança era executada à noite ao luar em todas as aldeias, e os habitantes sabiam discernir os acontecimentos a partir dos sons emitidos pelos instrumentos acima mencionados.

Quanto à componente educacional, os mais velhos e os cadetes reuniram-se no MBONGI[15]em torno da fogueira, ensinando os provérbios e especialmente a história aos mais novos. Enquanto a nobreza instilou uma educação especial reservada a esta aristocracia.

A nível diplomático, o Império do Kongo manteve ou estabeleceu relações diplomáticas com a Santa Sé, ou seja, com o Vaticano e Portugal. A este respeito, "... *a diplomacia no Reino foi bem organizada, activa apesar de algumas fraquezas*"[16]. Para materializar estas relações, "*Antonio Manuel Nsaku ne Vunda foi o primeiro Embaixador do Rei do Kongo junto da Sé Apostólica. Membro da família real, Príncipe e grande eleitor, Nsaku ne Vunda tinha sido Embaixador de Sua Majestade o Rei Ndoluvwalu II, Álvaro 1587 - 1614 ...*".[17]

De referir que a República de Angola celebra o seu Dia Nacional da Cultura no dia 8 de Janeiro de cada ano.

---

[15] Fórum aberto existente em todas as aldeias de Bakongo
[16] Jean Claude Ntuala Kumpuny, Carta a Kimpa Vita, Op Cit, Página 38
[17] Samuel Nseka Makinu, The Virtues of a People, Dezembro de 2018, S.E, Página 10

I.7.2. INFLUÊNCIA DO IMPÉRIO DO KONGO EM TODO O MUNDO

Qualquer organização política utilizada pelo Ocidente e pela América era proveniente do Império do Kongo, que era uma monarquia constitucional federal bi-cameralista. A existência de duas câmaras: Mpemba Nkazi, a câmara superior composta por senadores, padres e Mfula Nkazi composta por deputados.

Este Império do Kongo cobriu quase toda a África Central até aos Camarões. A sua organização atraiu os europeus e eles ficaram muito surpreendidos ao verem uma grande estruturação.

I.7.3. MBANZA-KONGO, A CAPITAL HISTÓRICA DO IMPÉRIO DO KONGO E PATRIMÓNIO MUNDIAL DA UNESCO

Mbanza-Kongo, Capital do Império, sede de todas as instituições imperiais antes da colonização, foi construído num maravilhoso planalto no topo da montanha apelidado MONGO wa KONGO dia NTOTELA ou MONGO wa NKAYILU.

O Grande Mestre do Kongo Wisdom confirma no seu periódico Kongo Dieto 790 de 25 de Junho de 2012. Ele esclarece: "... *a montanha do umbigo da maternidade, a montanha da partilha, da justiça distributiva, a montanha da paz, a montanha do Kongo dia Ntotela, a montanha no centro do mundo*"[18].

Posteriormente, o Nabi Kongo mandou construir sete estradas através das quais o Bakongo se dirigiu a Mbanza-Kongo a partir das regiões do Kongo.

---

[18] Ne Muanda Nsemi, 306º Aniversário de Yaya Vita Kimpa, Edições Mpolo Ngimbi, Kinshasa, 2012, Página 1

Mbanza Kongo, uma cidade santa com um misterioso duplo aspecto, encontramos lá:

➢ Kulumbimbi, cemitério dos antigos reis ou imperadores do Kongo;

➢ Yala Nkuwu, a árvore misteriosa localizada no centro da Capital do Império do Kongo, em torno da qual foram tomadas grandes decisões. Ne Nimi a Lukeni tinha notado o poder misterioso desta árvore, pelo facto de que quando uma folha ou ramo cai, quer significar ou a morte do Imperador, ou uma catástrofe, ou a derrota de Kilombo, o exército do Império.

Beneficiando de um passado glorioso, a Cidade de Mbanza-Kongo foi aclamada como Património Mundial da UNESCO. Por conseguinte, merece a protecção de todo o planeta Terra, ou seja, a sua influência a nível mundial.

Mas em 1457 da Era de Peixes, ou seja, depois de Jesus Cristo, o grande profeta BUELA MUANDA previu a vinda dos invasores brancos (Mindele) e defendeu o fabrico de armas de fogo. Uma vez que esta profecia não foi tida em conta pela autoridade imperial, as suas repercussões foram desastrosas.

Em 1471, os portugueses desembarcaram no Kongo dia Luangu, que denominaram RIO de GABAO, daí o nome GABON, passando pela ilha de Kalunga. Deram o nome de SAO TOME, por outras palavras, Sanga dia Kalunga.

Luanda era a capital económica, porque lá existia o Banco Central: *"... a capital económica, porque era de lá que vinham as conchas que serviam de moeda". É de notar que a utilização do dinheiro foi única nos reinos africanos.*

Estas conchas não foram encontradas noutros locais. Já tínhamos, portanto, um verdadeiro sentido de organização bancária, mesmo que não houvesse uma política bastante elaborada.

Após as conchas, a NZIMBU tornou-se a moeda nacional. A datação por carbono-14 indicou que o Nzimbu estava em uso antes da chegada dos portugueses.[19]

---

[19] Jean Claude Ntuala Kimpuny, Op. Cit, Kinshasa, Página 38

CAPÍTULO II:

DESDE A DESCOBERTA DO RIO KONGO ATÉ AO DECLÍNIO DO IMPÉRIO

II.1. DESCOBERTA DA FOZ DO RIO KONGO POR DIEGO CAO

O explorador português descobriu em 1482 a foz do rio Kongo, querendo descobrir o seu nome, foi-lhe dito Nzadi, Nzari, deformou-o em ZAIRE, que em 1971 foi adoptado como o nome da RDC pelo Presidente Joseph Désiré MOBUTU.

Instalou-se em Mpinda em 1485 e enviou três Padres numa missão de espionagem a Mbanza Kongo: os Padres Jean da Costa, Antoine de Porto e Jean de la Conception. No final, embarcou com os reféns Bakongo feitos reféns para Portugal.

II.2. CONVERSÃO DO IMPERADOR NZINGA NKUWU, SUA MORTE E SUCESSÃO

Diego Cao voltou ao Kongo e encontrou-se com o Imperador em Mbanza Kongo, em 1487, com os Bakongo feitos reféns em 1485, que ele trouxe de volta ao seu país, Portugal.

Quebrando a lei sagrada que estipulava; que existe uma ligação energética e vital entre o homem, os seus antepassados e o seu génio supervisor, o Imperador convertido ao catolicismo romano.

II.2.1. CONVERSÃO DO IMPERADOR NZINGA NKUWU

Em 3 de maio de 1491, o Imperador Nzinga Nkuwu foi batizado e convertido ao cristianismo sob o nome de ALPHONSO I. No mesmo ano, os militares portugueses estacionados em Mpinda atacam a ilha de Bula Mbemba, Mbulukoko, Malela e Mateba capturam escravos Bakongo para vender na Europa.

Durante este período, abriu-se um caminho para a evangelização e o tráfico de escravos negros trazidos pelos invasores brancos chamados Mindele para o Kongo dia Ntotela.

II.2.2. A MORTE DO IMPERADOR E A SUA SUCESSÃO

Em 1506, o Imperador Nzinga Nkuwu morreu em Mbanza Kongo e o Conselho Imperial de Anciãos reuniu-se e nomeou MPANZU a NZINGA, também conhecido como Ne Mpanzu a Lumbu. Um ano depois, em 1507, sob a ditadura dos padres, foi assassinado e substituído pelo seu irmão mais novo NE MVEMBA NZINGA.

Nota especial

Note-se que, após o assassinato do Imperador Mpanzu em Nzinga pelo seu irmão mais novo, apareceram nos firmamentos cinco espadas com significados diferentes, nomeadamente :

1ª espada: Mpemba, nome dedicado à província de Mpemba no Império do Kongo. Significa também um povo inteligente e hospitaleiro.

2ª espada: Nkumba wa Ngudi: umbigo da mãe, ou seja, Mbanza Kongo. Esta cidade é a expressão do guardião da tradição Kongo, a ligação entre todos os Bakongo espalhados por todo o mundo.

3ª espada: Kongo dia Ngunga, a fundação da evangelização na África Central com a chegada dos missionários católicos e protestantes.

4ª Espada: Exprime a alienação do Império.

5ª espada: Mbanza Kongo, sede do Império do Kongo de todas as instituições.

Recordemos que Ne Mpanzu a Nzinga e Ne Mvemba Nzinga eram dois filhos do Imperador Nzinga Nkuwu.

II.3. REINADO DE NE MVEMBA NZINGA DE 1507 A 1542".

Apelidado de grande Imperador Cristão pela sua fé no Catolicismo Romano, conseguiu enterrar viva a sua mãe Yaya Mpolo. O cenário teve lugar em 1507 em Mbanza Kongo, cujo cemitério se situa no aeródromo da referida cidade.

No entanto, os invasores portugueses aproveitaram-se de um vasto plano maquiavélico para balcanizar as regiões do país de norte a sul, provocando agitação e rebeliões.

Em 1518, Na Lukeni lua Nzinga, filho do Imperador Mvemba Nzinga, foi consagrado BISHOP pelo Papa Leão X e tornou-se o primeiro bispo negro da Igreja Católica em África. Foi professor de latim em Lisboa.

Apesar de Ne Mvemba Nzinga ter sido pago pelos portugueses, dois campos diametralmente opostos, infelizmente, fixaram residência no Império. O primeiro foi conservador do Bukongo, do Nzila Kongo fiel aos ideais do falecido imperador Ne Mpanzu a Nzinga, enquanto o segundo foi magistralmente presidido por Ne Mvemba Nzinga tendo sido convertido à religião cristã.

A máquina maquiavélica portuguesa de desestabilização e balcanização do Império do Kongo não parou, pelo contrário, muitas aldeias, cidades e províncias ficaram encantadas.

Em 1542, o Imperador Nkanga Lukeni reinou e preparou-se para lutar ferozmente contra as incursões portuguesas que visavam o desmembramento e a desagregação do seu país.

Para desestabilizar o Império do Kongo, Portugal tinha recrutado mercenários da África Ocidental, o JAGA.

No ano de 1548, o Governador da Região de Luanda, corrompido pelos portugueses, tentou criar uma secessão. Por esta razão, o Governo imperial tomou medidas drásticas e opôs-se-lhe ferozmente.

O Reitor do Colégio de Mbanza Kongo e o Padre Gomes apelam ao Rei D. João II de Portugal para que demita o Imperador Nzinga Mpudi. Propuseram a sua substituição por uma marioneta de Ndongo, Imperador de Angola. Esta é a própria origem da palavra Angola.

O invasor Paul Diaz apoiado por 200 portugueses e milhares de mercenários Jaga derrotou os distritos de Ndongo e Kisama, localizados na região do rio Kuanza.

Em 14 de Outubro de 1641, assinatura do Pacto de Aliança entre a Missão Militar dos Países Baixos, representada pelo General Cornelis e pelo Imperador Nkanga Lukeni do Kongo. O objectivo é a luta contra a invasão portuguesa. Mas, infelizmente, os holandeses retomaram o comércio de escravos tão denegrido pelos Bakongo e continuaram a vender escravos na América.

Desaprovados pelo Bena Kongo, os holandeses, que tinham sido expulsos do Império do Kongo, mudaram-se para a África do Sul de vez.

Sete anos após a famosa assinatura, o Imperador Nganga Lukeni enviou dois emissários, Sacerdotes, para negociar a paz e a retirada definitiva do exército português acampado em Luanda. Lisboa insiste em impor condições inaceitáveis ao governo imperial, como se segue:

"Acordo de paz, desde que o Reino do Kongo aceite ceder os seus direitos na ilha de Luanda, bem como em todos os territórios situados desde o rio Dande até aos rios Kuandu, Okavangu, Kubangu, Kunene. Depois, o Reino do Kongo tem de compensar Portugal por todas as perdas que o Kilombo kia Kongo, o exército do Kongo, causou às tropas portuguesas. A

compensação deve ser paga em troca de uma grande quantidade de escravos negros da raça pura do Kongo".[20]

Esta afirmação confirma que Portugal, tendo introduzido a religião cristã no Império do Kongo, era um grande comerciante de escravos.

No ano de 1659, Ne Kiowa tornou-se mais uma marionete portuguesa no Kongo. Em 1661, o Imperador Nkanga Lukeni morreu e foi sucedido pelo seu filho Vita Nkanga.

Quatro anos mais tarde, em 1665, a guerra de Mbuila eclodiu a 29 de Outubro. À frente de um grande batalhão de 900.000 homens, assistidos por Ne Mbamba, Ne Mpemba e Abbot Lubeladio. Um dilúvio de armas do Exército Português teve de cair durante nove horas sem interrupção sob o comando do General Luiz Lopez.

Apesar desta bravura na defesa da integridade do Território, os soldados Kongo foram derrotados com setas envenenadas.

O valente guerreiro, o Imperador Vita NKanga morreu gravemente ferido e legou a sua vontade ao Padre Lubeladio :

"Não se esqueça, para os seus antepassados. O grande senhor Akongo tinha dito: Kongo tadi: Kabasue mbasinga. Assim, continuará a guerra até à reunificação total do Kongo. A vossa guerra é a guerra santa. Da unidade nacional do Kongo.

Imperador
e valente guerreiro
VITA NKANGA do
Império do Kongo...

"Kongo tadi kabasue mbasinga" é **traduzido para inglês:** "O Kongo não é um pedaço de pedra a ser quebrado de forma alguma.

---

[20] Ne Muanda Nsemi: A História do Congo Central, Página 22

E da integridade do seu Território, porque Kongo tadi kabasue mbasinga. O! Valente filho do Kongo. Kana kuzingila kia kukia! »[21]

Depois desta vontade verbal do Imperador...

Vita Nkanga morreu e foi decapitada por um soldado inimigo. Imediatamente uma chuva forte teve de cair com trovões e isso assustou os portugueses que foram obrigados a retirar-se para a sua fortaleza em Luanda. Foi celebrada uma missa de acção de graças e a sua cabeça foi enterrada no recinto da Igreja de Nossa Senhora da Nazaré, em Luanda.

Note-se que o valente, Sua Majestade o Imperador Vita Nkanga era o tio materno de Yaya Vita Kimpa, ambos mortos por uma causa justa e nobre: a salvaguarda da integridade do território do Império do Kongo.

II.4. COMÉRCIO DE ESCRAVOS NEGROS E COMÉRCIO TRIANGULAR

O Novo Mundo, o continente americano, foi descoberto pelo explorador Cristóvão Colombo. Muitos europeus emigraram para esta terra e aí permaneceram de vez.

O primeiro pilar do desenvolvimento foi a agricultura e a falta de energia motriz e industrial resultou num aumento da mão-de-obra humana. Neste contexto, foi necessário recorrer à raça negra, razão pela qual os comerciantes europeus de escravos vieram a África via Europa para a América para vender escravos negros, embarcando-os à força nos seus navios para trabalharem em vastos campos de cana-de-açúcar.

---

[21] Ne Muanda Nsemi, Op. Cit, Página 24

Esta prática desumana e degradante foi chamada: o Comércio Negro e o Comércio Triangular. Também associaram os árabes que se tinham tornado seus corretores.

II.4.1. <u>COMERCIANTES DE ESCRAVOS EM ÁFRICA</u>

Quase toda a África a sul do Sara foi abalada por esta prática retrógrada, pois foi uma verdadeira caça ao homem que despovoou as populações africanas no século XV.

Foi praticada por franceses, ingleses, holandeses e portugueses. As vias de evacuação eram fluviais e marítimas. Na África Austral, escolhemos o Porto de Dar-es-Salam, situado na actual Tanzânia; na Gâmbia: Kuntakité. De qualquer modo, existiam vários portos de embarque de escravos. Na África Ocidental, conservemos o memorável porto histórico de embarque da ilha de Gorée, situada no actual país, o Senegal.

II. 4.2. <u>IMPACTO DA ESCRAVATURA EM ÁFRICA E O NASCIMENTO DA LÍNGUA SUAÍLI</u>

O tráfico de escravos negros não foi exclusivamente realizado por ocidentais ou comerciantes de escravos europeus, mas também por árabes. Estes últimos introduziram a sua religião, o Islão e a cultura.

O contacto dos árabes com as populações africanas deu origem ao swahili, considerado uma língua sincrética.

II. 4.3. COMERCIANTES DE ESCRAVOS NO IMPÉRIO DO KONGO

A chegada dos exploradores portugueses com a descoberta da foz do rio Congo teve um impacto negativo, o embarque do Bena Kongo reduziu como escravos para a América.

Os grandes comerciantes de escravos foram os portugueses, espanhóis, franceses e italianos, cuja consequência imediata foi a introdução do cristianismo e, mais tarde, em 1885, a convocação da Conferência de Berlim e a divisão de África. A cidade portuária de Nsiamfumu, localizada não muito longe da cidade de Muanda, era um local para o embarque de escravos.

II.4.4. DIÁSPORA KONGO EM TODO O MUNDO

No século XV, surgiu o comércio de escravos negros e o comércio triangular, um verdadeiro engarrafamento após um longo período de prosperidade. No que diz respeito aos Bakongo, milhares de escravos foram enviados para a América para fazer trabalho agrícola.

A diáspora Kongo encontra-se em vários estados americanos: nos Estados Unidos da América, Canadá, Cuba, São Dominique, Martinica, Brasil, México, Haiti. E, além disso, constatamos que o primeiro hino nacional do Haiti foi cantado em Kikongo.

Aludindo ao "Traite des noirs" e querendo parafrasear Hiliard d'Auberteuil dirá: "Os *negros do Kongo são muito apreciados em São Domingos. Habilidosos e fáceis de conduzir, aprendem num curto espaço de tempo todos os ofícios que lhes queremos mostrar e são também muito inteligentes no cultivo da terra..[22].".*

---

[22] Ne Muanda Nsemi, Op. Cit , Página 26

Esclavagistas brancos com armas, pilharam a riqueza e queimaram vivos as pessoas e as suas aldeias. O Padre Missionário Dieudonné RICHON declarou: "A chegada dos brancos a África foi uma calamidade para os povos negros...".[23]

No Brasil, a grande colónia portuguesa viveu um período turbulento, que remonta a 1671 a 1695, um período de 24 anos. O Kilbo, o Exército de Resistência de Todos os Negros sediado naquele país, lutou ferozmente contra a escravatura e o tráfico de escravos. Presidido e liderado por Nganga Zumbu com uma força de 100.000 homens, teve de infligir 25 derrotas aos holandeses e portugueses. Nganga Zumbu era um Nkongo.

Os escravos negros do Kongo revoltaram-se na América e foram repatriados para a costa ocidental de África, mais precisamente para a Libéria. Construíram um bairro moderno em Moromvia, ao qual deram o nome de Cidade do Kongo, o que significa Mbanza Kongo em 1822. Nesta onda de revoltas, outros escravos Kongo regressaram à África Ocidental e instalaram-se na Serra Leoa.

Os comerciantes de escravos de Bordéus, Liverpool, Lisboa, Nantes não pararam de provocar secessões e de criar pequenos impérios e reinos.

Em 1735, a Kabinda foi separada do Império do Kongo, e os invasores portugueses criaram um reino chamado: Reino de Ngoyo. Para o fornecimento de escravos, Mpukuta, o rei rebelde, foi pago pelo Capitão Van Alstein.

Entre os Ntotela que governaram em Mbanza Kongo estava Ntende Kabinda. Aparentemente, ele era originalmente de Kabinda. Com a actual

---

[23] Ibidem

configuração política, Kabinda tornou-se uma província angolana potencialmente económica e estratégica.

CAPÍTULO III:

YAYA VITA KIMPA MODELO DE LIDERANÇA FEMININA NO IMPÉRIO DO KONGO

Não seria fácil falar deste líder sem percorrer a história do Império do Kongo, desde as suas origens até ao período colonial em que viveu e o impacto notável das suas acções que são hoje evidentes.

Por esta razão, parecia impossível escrever sobre este ilustre personagem sem palpitar o seu perímetro cultural e ambiental.

No entanto, gostaríamos de fazer uma correcção ao nome legado pelos antepassados, o de VITA KIMPA em vez de KIMPA VITA ou TSHIMPA VITA como é chamado pelo Bakongo do Congo Brazza, mais precisamente o Bavili.

III.1. NOTAS BIOGRÁFICAS, MISSÕES PATRIÓTICAS E DIVINAS DE YAYA VITA KIMPA

III.1.1. <u>NOTAS BIOGRÁFICAS SOBRE YAYA VITA KIMPA</u>

Nasceu em Mbanza Kongo, em 1684, de uma família nobre, originalmente do Monte Kibangu, cujo pai era um bom criador de cabras.

Um dia, ela adoeceu aos 17 anos de idade e morreu, pois o seu pai estava fora numa viagem, o seu funeral não podia ter lugar sem a presença física dele. Depois de três dias de luto, prepararam-se para o funeral, o pai dela chegou e ela teve de ser ressuscitada. Ela começava a recontar a sua estadia no além depois de ter sido mandatada pelo conclave de Muela Kongo para a restauração do Império do Kongo, que tinha sido presa de várias secessões e enfrentava um grave problema de liderança entre Ndo Mpetelo e Ndo Zuâo. Adoptou o nome messiânico legado pelos antepassados deificados de Vita Kimpa e teve de restaurar a religião tradicional do Kongo ecológico.

III.1.2. MISSÃO DIVINA E O SEU DESPERTAR PATRIÓTICO

Começou em 1702 e centrou-se no renascimento espiritual do Império do Kongo e na reconstrução da Cidade Santa de Mbanza Kongo destruída durante a Guerra de Mbuila pelos invasores portugueses.

O activismo subversivo português colocou o Império do Kongo numa situação caótica, uma vez que vários distritos estavam sob o seu controlo.

Muito triste e inspirado pela graça divina, Yaya Mafuta denunciou o comportamento dos missionários e defendeu campanhas de sensibilização e sensibilização. Yaya Vita Kimpa aproveitou a oportunidade para se juntar a ela na formação de um único grupo de resistência contra a ocupação e invasão portuguesas. Aos 75 anos, Yaya Mafuta confiou a liderança à mais jovem profetisa Yaya Vita Kimpa.

Fonte: Igreja Nzila Kongo

Ela pregou um evangelho de libertação, desafiando o medo e realizou muitos milagres. Ela era verdadeiramente uma verdadeira rainha no seu auge, pois era venerada pelos seus seguidores. Nas suas reuniões, ela reuniu até oitenta mil pessoas. Como todos os profetas do Kongo, eles eram Nabi Kongo e yaya Vita Kimpa não escaparam a este atributo.

III.1.3. YAYA VITA KIMPA UM EXEMPLO DE LIDERANÇA FEMININA

A palavra *"Leadership" (Liderança)* deriva da palavra inglesa leader,[24] que significa chefe, comandante, director. Uma pessoa singular ou colectiva que exerça autoridade sobre um grupo que o aceite voluntariamente como líder sem qualquer constrangimento.

O líder é acima de tudo um visionário com um elevado sentido de auto-sacrifício, pronto para se dedicar ao sacrifício supremo pelo seu povo.

Nelson Mandela Madiba

dopédie Encarta, ASL/Archive
s/Aimable autorisation de Gordo

Tem uma tarefa delicada, como Nelson Mandela Madiba, líder do Congresso Nacional Africano (A.N.C), que em 1994 venceu as eleições presidenciais e se tornou o primeiro presidente negro da África do Sul pós-apartheid e declarou: *"O líder deve esperar suportar tribulações morais e físicas: críticas, mal-entendidos, por vezes também torturas e prisões. Estas são provações que todos os grandes líderes enfrentam*[25].

Dotada de uma coragem excepcional e de um carisma notável, Yaya Vita Kimpa investiu num vasto trabalho de reconstrução do Império e a população obedeceu-lhe a cada palavra. Ela tinha uma comunicação significativa e a sua mensagem foi sempre bem recebida e bem compreendida.

Face à desordem fomentada pelos invasores portugueses, a eleição do Imperador foi um caminho salutar. Na tradição do Kongo, qualquer luta política tem uma dimensão espiritual, é necessário um período de jejum de quatro dias. Foi por isso que ela entrou na floresta para implorar a graça

---

[24] ALAIN REI, O Grande Robert da Língua Francesa
[25] Georges Kaitholil, Je veux devenir leader, Collection Réussir sa vie - 5, Médiaspaul, Kinshasa, 2014, página 22

divina de uma eleição livre, credível e transparente pelo povo, o primeiro soberano.

A posse de insígnias imperiais roubadas pelos portugueses durante a fatídica guerra de Mbuila, a organização do escrutínio foi possível. Em todo o caso, um tal empreendimento foi considerado um acto subversivo por estes dois amargos inimigos, neste caso os Padres Lorenço da Luca e Bernado da Gallo.

Enquanto Kibenga já tinha concordado em juntar-se a Mbanza Kongo, Ndo Mpetelo e Ndo Zuâo estavam hesitantes, pois eram marionetas portuguesas.

O Padre Bernado da Gallo, Conselheiro no Tribunal Imperial de Mabanza Kongo, emitiu um decreto em que se declara o seguinte "A *sua condenação à pena capital disfarçada com um falso pretexto de semear agitação e heresia, um inimigo do Imperador D. Pedro IV, e este último obedeceu à ordem recebida*".

III.2. YAYA VITA GERENTE E LÍDER

III.2.1. GESTOR

Palavra inglesa que vem de "*to manage*" *(gerir) para gerir, para dirigir. Chefe, líder de uma empresa*"[26].

Yaya Vita Kimpa era simultaneamente gestora e líder. **Gerente, porque ela tinha um notável sentido de organização**. A prova impressionante, em quatro anos de ministério sacerdotal ela reconstruiu a

---

[26] ALAIN REI, Le Grand Robert de la langue française,

histórica e milenar Cidade Santa de Mbanza Kongo, destruída pelos invasores portugueses, a que deram o nome de SAN SALVADOR.

III.2.2. LÍDER

Yaya Vita Kimpa foi uma visionária comprovada. Ela compreendeu bem a sua missão divina de unificação e reconstrução do Império do Kongo, que era muito delicada. **Ela preferiu morrer em vez de renunciar à sua missão e a sua bravura tornou-a muito famosa.**

Em suma, nem todos os líderes são gestores e, inversamente, nem todos os gestores são líderes.

III.2.3. RECONSTRUÇÃO DE MBANZA KONGO

De facto, esta cidade foi saqueada durante a guerra de triste memória de Mbuila pelos portugueses e seus valetes, os jagas, em 29 de Outubro de 1665.

Ela teve sucesso na sua aposta com brilhantismo, razão pela qual o veredicto da história a manteve e a plebiscitou: "**Manager and leader, Yaya Vita Kimpa: a true model of the Manager and Female Leadership of the Kongo Empire**".

III.2.4. RENASCIMENTO ESPIRITUAL DO IMPÉRIO KONGO

Como já sugerimos, o trabalho realizado em quatro anos merece o reconhecimento desta ilustre figura, porque ela valorizou o género, um orgulho para a mulher negra africana sempre na remuneração dos homens. Ela exercia-se normalmente sem complexos ou constrangimentos, mas com muito patriotismo, como os homens de renome mundial que defendiam o Império do Kongo.

III.2.5. <u>DETENÇÃO, JULGAMENTO E EXECUÇÃO DE YAYA VITA KIMPA</u>

No meio de um retiro de oração e adoração, ela foi presa e os seus seguidores presentes foram executados com a sua guarda apertada. Tendo sido torturada durante toda a noite após assédio e intimidação para renunciar à sua religião, o Kinzambi kia Kongo, ela recusou.

Quanto ao seu julgamento, foi político e marcado por irregularidades, porque o motivo obscuro da acusação foi: **"Constitui um travão ao estabelecimento do cristianismo trazido pelos seus algozes"**. Embora a oração seja um direito fundamental de um indivíduo, ninguém tem o direito de obrigar alguém a seguir a sua religião.

Este julgamento foi presidido pelos Padres Bernado da Gallo e Lorenço da Luca, o Vuzi a Nkanu, ou seja, o Conselho foi assistido pelo Secretário Imperial Miguel de Castro, um julgamento forjado pelos seus inimigos.

A sentença de morte foi rapidamente estabelecida. Assim, **foi amarrada e queimada viva numa grande pira em 2 de Julho de 1706, na floresta de Divululu, a 35 km de Mbanza Kongo.**

Firme na sua convicção religiosa, no seu último suspiro acusou e castigou a prática bárbara de repressão dos missionários da época. **Ao contrário desta versão falsa e astuta, que diz que ela honrou e elogiou o Mestre Jesus e queimou vivo com uma criança.** Esta é apenas uma falsa fuga dos seus inimigos, **pois em Maio do ano de 1706, ela fez esta viagem de Mbanza Kongo para o Soyo a pé.**

III.2.6. <u>YAYA VITA KIMPA, A SUA DOUTRINA RELIGIOSA E AS ESCOLAS MISTERIOSAS DO IMPÉRIO DO KONGO</u>

III.2.6.1. Doutrina Religiosa

Embora tenha sido baptizada em nome de NDONA BEATRICE na Igreja Católica, teve de regressar às fontes religiosas tradicionais no Espírito do Arcanjo Ne Muanda Kongo. Ela renunciou ao nome cristão e optou pelo Nzila Kongo ou Kinzambi kia Kongo.

III.2.6.2. Escolas misteriosas do Império do Kongo

A primeira grande experiência civilizacional foi o antigo Egipto com a sua religião solar. As pirâmides eram verdadeiras academias de ciência, e note-se que na sua vida mística e secreta Mestre Jesus passou dezoito anos nas pirâmides egípcias.

Os gênios civilizadores escolheram o Império do Kongo para restaurar a vontade divina, espalhar essa sabedoria por toda a África Central e fecundá-la misticamente. De acordo com os desejos do Senhor Akongo, o Império do Kongo deveria servir como um instrumento para a materialização desse vasto plano divino (Paraíso Terrestre).

Foram criadas várias escolas de mistério: Lemba, Kinkimba, Buiti, Buela, Ndjobi, Ndembo, Mbamba e Kimpasi. A este respeito, Yaya Vita Kimpa, de acordo com a nossa investigação, era membro da escola Kimpasi.

Muito ambiciosa e sempre fiel à sua missão divina, ela nunca deixou de ensinar segundo a cosmogonia do Kongo: água, florestas e rios são lugares sagrados onde os génios e antepassados residem.

Os seus dois carrascos e amargos inimigos testemunharam a grandeza da sua espiritualidade: *"Num esboço colorido, o próprio Padre*

Bernado da Gallo a retrata como uma figura sumptuosamente vestida. No seu pescoço e nos seus braços tinha jóias lindas e ricas. Você estava resplandecente neste belo quadro com a sua roupa verde brilhante. A sua cabeça foi adornada com uma coroa feita de piki.

Quanto ao Padre Laurent de Lucca, fará esta descrição: "*Esta jovem tinha cerca de 22 anos de idade. Tinha uma cintura esguia e traços finos. A nível externo, ela parecia muito devota. Ela falou com gravidade, parecendo pesar todas as suas palavras. Ela previu o futuro e anunciou, entre outras coisas, que o julgamento estava próximo.*

Yaya Vita Kimpa previu a vinda de Mfumu Kimbangu, Nlongi Ne Muanda Nsemi, a unidade do Império Kongo e o desaparecimento das fronteiras sem sentido herdadas da colonização. Um dia, pregando no Monte Kibangu, a montanha sagrada, foi depois ver o Imperador PEDRO IV, exortando-o a juntar-se a ela para cumprir a sua missão. À sua chegada ao palácio imperial, o Padre Bernado da Gallo, testemunha ocular, declarou: "*... desta visita de Kimpa Vita ao palácio, conta que à medida que a jovem mulher passava, as árvores torcidas ou caídas levantavam-se e as portas do palácio abriam-se, como se fossem empurradas por mãos invisíveis*".

Kimpa Vita disse: "*Também nós temos santos no Kongo*". Os brancos branquearam a Deus em seu benefício, mas nascerá um Reino e a cidade terá de ser reconstruída e as casas levantadas.[27]

Yaya Vita Kimpa, de acordo com a pesquisa realizada, era da Escola de Mistérios Kimpasi, cuja missão era libertar as forças do mal através do exorcismo comumente conhecido como Mbumba Kindongo. Ela curou muitas mulheres estéreis, tornando-as férteis, e por vezes o simples toque da sua mão trazia a pessoa doente de volta à recuperação.

---

[27] Gédéon MUT, a vida de Kimpa Vita, BroadWay Edition, SD, página 25

Todas estas escolas misteriosas já mencionadas foram destruídas pelos Padres Capuchinhos da época.

III.2.7. <u>INFLUÊNCIA DOS SEGUIDORES DE YAYA VITA KIMPA NAS RELIGIÕES AFRO-AMERICANAS</u>

Após a sua execução em 2 de Julho de 1706 pelos seus dois carrascos, os missionários capuchinhos Lorenço da Luca e Bernado da Gallo, milhares de seguidores foram presos e deportados para a América como escravos, convertidos à força ao catolicismo romano, mas convertidos de volta ao Bundu dia Yaya Vita Kimpa. Muito nostálgicos, tiveram de regressar à sua religião tradicional sem mais julgamentos.

A sua crescente influência e fama apenas afirmaram a sua grandeza; os seus seguidores foram capturados e vendidos como escravos, exportados dos portos de Kabinda e Soyo.

Todas as revoluções dos escravos negros na América do Norte foram obra dos seus apoiantes, o Bundu dia Yaya Vita Kimpa, que é apenas uma sequela do Kinzambi kia Kongo.

A revolução haitiana, que conduziu ao nascimento da primeira República Negra, é obra dos seus seguidores.

Em todos estes países: Brasil, Haiti, Cuba, Argentina, Suriname, Venezuela, México, Colômbia, Barbados, Estados Unidos, todas as comunidades negras praticaram o Palo Mayombe com uma conotação religiosa de Bundu dia Yaya Vita Kimpa.

III.2.8. <u>SINAIS DE GRATIDÃO EM MEMÓRIA DA FIGURA ILUSTRE</u>

A verdadeira história de Yaya Vita Kimpa foi gravada no livro sagrado de Mfumu Ne Muanda Nsemi o Makaba ou Makongo. Todas as igrejas do Nzila Kongo ainda comemoram a data de 2 de Julho de cada ano.

No Congo Brazza, o regime marxista dos anos 70 gravou o nome de Yaya Vita Kimpa, a jovem sacerdotisa Kongo de uma escola cristã, como sinal de gratidão a esta valente heroína Kongo.

No século XX, os movimentos messiânicos: Mpadismo, Matsuanismo, Kimbaguismo e sem esquecer o Bundu dia Kongo do Grande Mestre Ne Muanda Nsemi sempre se referem a Yaya Vita Kimpa em suas pregações de 2 de julho de cada ano.

Hoje, todas as igrejas do Nzila Kongo consideram-no um ícone na luta pela independência espiritual da raça negra do mundo.

Em Mbanza Kongo, Angola, existe a Biblioteca Municipal Kimpa Vita no coração do centro da cidade. A Universidade da Uíge, em Angola, passou a chamar-se "Universidade Kimpa Vita" desde 2009.

III.2.9. <u>PARALELISMO ENTRE YAYA VITA KIMPA E JEANNE D'ARC</u>

Ambos são verdadeiros heróis devido às semelhanças na sua bravura na defesa da sua pátria.

No que diz respeito a Joana d'Arc, ela viveu de 1412 a 1431: " ... *Heroína da história francesa que viveu na Idade Média, durante a Guerra dos Cem Anos". Ela também é conhecida como Joana d'Arc ou Pucelle d'Orléans.*

Joana d'Arc é uma camponesa da aldeia de Domrémy, na Lorena. Quando criança, ela teria ouvido vozes do céu pedindo-lhe que fosse em socorro do rei Carlos VII.

Com efeito, nessa altura, em plena Guerra dos Cem Anos, uma grande parte do Reino estava sob domínio inglês, com o Rei de França, chamado "o Rei de Borges[28]", a governar apenas uma pequena área.

Em 1429, quando tinha 17 anos, Joana d'Arc foi para Chinon e convenceu Carlos VII a confiá-la a um exército. Com uma tropa de soldados reais, libertou Orleães, depois levou Carlos VII para Reims, onde foi capturada pelos borgonhenses que a entregaram aos ingleses. Tentada por bruxaria, morreu queimada viva na praça do mercado em Rouen, em 30 de Maio de 1431.

Para os imperialistas, quando um grande espírito se levanta e quer honrar o seu país, defendendo-o, chamam-lhe feiticeiro. Joana D'Arc foi qualificada como bruxa da mesma forma que Yaya Vita Kimpa. Esta última foi apelidada de Joana of Arc of Africa, Joana of Arc Kongolaise.

Ambas as heroínas queimadas vivas, este é o paralelismo edificante sobre as duas personagens ilustres da história do mundo feminino.

III.3. ABOLIÇÃO DA ESCRAVATURA NA AMÉRICA E EMANCIPAÇÃO DOS NEGROS POR ABRAHAM LINCOLN

III.3.1. ABOLIÇÃO DA ESCRAVATURA NA AMÉRICA

É sabido que este flagelo social conhecido como o tráfico de escravos e o comércio triangular devastou realmente o continente africano a partir do século XV.

---

[28] Microsoft Encarta R, Microsoft Corporation

Quanto à sua abolição, remonta ao século XIX, através de uma alteração anti-escravatura introduzida na Constituição americana pelo Presidente Abraham Lincoln, em 31 de Janeiro de 1865.

III.3.2. EMANCIPAÇÃO DOS NEGROS

A abolição da escravatura teve como corolário a emancipação dos negros. Foi um passo importante na vida quotidiana deste povo há muito marginalizado pelos racistas brancos americanos.

A história recordou a sua contribuição, elogiando-o como um verdadeiro activista dos direitos humanos. Mas a questão fundamental, quem é esta ilustre figura? A resposta é esta: "Abraham Lincoln (1809 - 1865) é um estadista americano, que foi Presidente dos Estados Unidos entre 1861 e 1865.

Abraham Lincoln
Microsoft Encarta 2009

Abraham Lincoln nasceu no Kentucky a partir de um passado muito modesto. Depois de ter participado na guerra contra os índios, estudou direito e iniciou uma carreira política.

Em 1856, aderiu ao Partido Republicano e nos seus discursos mostrou a sua oposição à escravatura, que era a base da economia em muitos Estados do Sul dos Estados Unidos. Foi eleito presidente em 1861, tornando-se assim o décimo sexto presidente dos Estados Unidos da América.

Após a sua eleição, a Carolina do Sul e outros seis Estados promulgaram a secessão, uma acção destinada a criar um Estado independente e, em Fevereiro de 1861, criaram os Estados Confederados da América. É o início da guerra de secessão que se opõe até 1865 aos nortenhos e aos meridionais.

Reeleito presidente, *"Abraham Lincoln foi assassinado em 14 de Abril de 1865 por um opositor do Sul*[29].

O Império do Kongo foi balcanizado pelos ocidentais com a Conferência de Berlim de 1885, convocada pelo Chanceler Bismarck com um único objectivo: a partilha da África pelas potências europeias.

A consequência imediata desta situação é a criação de Estados artificiais sem ter em conta as realidades históricas, tradicionais e culturais dos povos indígenas. Isto é uma loucura perante Deus e uma bomba relógio que se tornou uma fonte de conflito.

A Bélgica ocupará parte da actual província do Congo Central na República Democrática do Congo, a França parte da actual província do Congo Brazza, o Gabão e os Camarões, Portugal parte de Angola. Enquanto a Alemanha ocupará o que é agora a Namíbia, e com o tempo haverá o massacre dos milhões de Bakongo do grupo OVAMBU, HERERO.

Recordemos que Portugal, antes desta odiosa partilha da chamada Conferência de Berlim, reinou como senhor absoluto sobre o Império do Kongo.

Muitos pequenos reinos foram criados e nomearam, entre outros, o reino de Santa Catarina, o reino de Lomba localizado no Rio de Gabão, também conhecido como Gabão, Vili, etc. e, além disso, em 1880, o explorador francês Savorgna de Brazza imaginou um reino de Makoko no distrito de Kongo dia Mbe, que nunca existiu.

---

[29] Microsoft R Encarta 2009, c 1993-2008, Microsoft Corporation

Ao contrário da história falsificada e truncada de alguns etno-históricos que se permitem considerá-lo como Rei, porém, ele representa um grau iniciático da escola de mistérios de Lemba do quinto grau.

Em qualquer caso, o MAKOKO vivia no actual município de Lemba, situado na cidade de Kinshasa, na República Democrática do Congo.

Falando de Makoko: "*O Padre Jerónimo de Montersacho revelou em 1654 que era um grande iniciado, a sua arte mística permitia-lhe transformar-se num fétu de palha ou numa folha de relva ou num pedaço de madeira, ou mesmo num pedaço de madeira, numa palavra, em qualquer coisa, como ele gostava*"[30].

Apesar da abolição da escravatura e da emancipação dos negros pelo Presidente Abraham Lincoln, a discriminação racial não cessou entre brancos e negros. Foi preciso cerca de um século para se ter uma sociedade humana igualitária nos Estados Unidos da América.

Emocionado com a paz, o amor, a justiça e o sacrifício pessoal, Martin Luther King, um pastor negro americano nascido em Atlanta em 15 de janeiro de 1929, filho de um pastor batista, denunciou o comportamento ultrajante dos seus compatriotas brancos.

Estes últimos "*lutaram pela igualdade de direitos para os negros nos Estados Unidos". Um pastor em Montgomery, Alabama, Martin Luther King defendeu uma operária negra em 1955 que foi presa por se recusar a ceder o seu lugar no autocarro a um passageiro branco*[31].

Nessa altura, os negros não tinham os mesmos direitos que os brancos nos Estados Unidos, particularmente nos Estados do Sul que praticavam a discriminação racial.

---

[30] Ne Muanda Nsemi, L'école initiatique Lemba, Kongo Dieto, Kinshasa, Editions Mpolo Ngimbmi, Agosto de 2009
[31] Microsoft Encarta - Colecção, Luther King, Linha do Tempo

A fim de demonstrar a sua oposição, Martin Luther King organizou um boicote aos autocarros municipais durante mais de um ano. Foi detido durante alguns meses, mas finalmente consegue a abolição da segregação nos transportes públicos na cidade de Montgomery. Seguindo os passos de Gandhi na Índia, Martin Luther King defendeu métodos não violentos para obter mais reformas.

Em 1957, criou a Conferência dos Líderes Cristãos do Sul, SCLC. Depois, em Agosto de 1963, organizou uma grande marcha pacífica sobre a capital, Washington, pela igualdade de direitos. Nesta ocasião, fez um  famoso discurso perante 200.000 pessoas, no qual evocou o seu sonho de uma sociedade igualitária entre negros e brancos (eu tenho um sonho..., o que significa que tenho um sonho).

Em 1964, Martin Luther King foi galardoado com o Prémio Nobel da Paz. Foi assassinado em Memphis em 4 de Abril de 1968 por um homem branco. Cerca de 100.000 pessoas assistiram ao seu funeral.

A crescente influência de Yaya Vita Kimpa e a sua fama não se limitaram à África Central, pelo contrário, suplantaram o continente americano de Norte a Sul. Até mesmo o Pastor Martin Luther King, que teve a sua origem no Império do Kongo, foi inspirado por Yaya Vita Kimpa nas suas várias acções como activista dos direitos humanos.

Yaya Vita Kimpa por vezes substituiu como Mama Tchimpa Vita continua a ser um modelo na defesa da cultura negra africana.

Ela permanece e foi uma pioneira, mãe da igreja negra, pois a sua influência continuou para o continente americano, tanto no Sul como no Norte.

Irmãos. Procure ir em direcção ao mar para ser fiel à sua nascente, pois é ao ir em direcção ao mar que o rio é fiel à sua nascente.

Gédéon MUT, no seu livro: La Vie de Kimpa Vita, foi ainda mais longe ao dizer: "... *Meus irmãos Kongo, posso dizer, sem ambiguidades e com provas, que devem estar orgulhosos de terem sido os pioneiros da grande revolta dos escravos em toda a história da América do Norte* " A **revolução de pedra de 9 de Setembro de 1739** ", *sob a influência espiritual de Mamã Tchimpa Vita. Orgulhe-se também de ter sido o pioneiro da revolução haitiana, você Kongo participou na formação da primeira República Negra na história da humanidade sob a influência espiritual de Mama Tchimpa M'Vita. E também Simon Kimbangu que lutou contra a Igreja Ocidental no Congo belga, sob a influência de Mama Tchimpa M'Vita. André GRENARD MATSUA que também lutou contra os ocupantes franceses sob a influência de Mama Tchimpa M'Vita* ".[32]

---

[32] Gédéon MUT, La Vie de Kimpa Vita, Op. Cit, Página 17

CONCLUSÃO

Esta obra de carácter histórico e cultural intitula-se **"Yaya Vita Kimpa modelo de liderança feminina"**, que traça a emigração do Bena Kongo do antigo Egipto para a África Central através de várias zonas de trânsito onde formaram casas de emigração até se concentrarem em Mbanza Kongo onde puderam instalar a Capital do Império do Kongo.

Tal como o é a vastidão do território do Império do Kongo, vários imperadores sucederam-se, em que a população viveu pacificamente até à chegada dos invasores portugueses que introduziram o cristianismo como falso pretexto para se dedicarem ao tráfico de escravos. A resistência trouxe muitas guerras para o Império, incluindo a guerra de Mbuila.

Assim, nesta revolta, Yaya Vita Kimpa revelar-se-á como uma mulher excepcional dotada de qualidades espirituais, de gestão e de liderança como Joana D'Arc de França. Ambas as heroínas, conhecidas por defenderem as suas pátrias, sofreram o destino de verdadeiros patriotas. Isto tornou-os internacionalmente conhecidos não só por demonstrarem coragem, mas também por despertarem o despertar patriótico feminino do mundo.

Foi por isso que aproveitámos esta oportunidade para felicitar as mulheres líderes mundiais que seguiram os passos de Yaya Vita Kimpa, nomeadamente Margaret Thatcher, Primeira-Ministra do Reino Unido de 1979 a 1990, apelidada de Dama de Ferro, e Anguela Markel, Chanceler da Alemanha, que demonstraram uma liderança e uma capacidade de gestão excepcionais na história do mundo.

BIBLIOGRAFIA

I. LIVROS (MONOGRAFIAS)

1. Almerida Topor, Hélène, L'Afrique au 20ème siècle, Paris, Armand Collin, 1999.

2. Christopher A. Bartlett & Sumantra Ghoshal, Le Management sans frontiers, Editions d'organisation, Paris 1991.

3. C.N. RISS, Les plus beaux discours de l'histoire humaine, SL, Editions COOPECCO, 2014.

4. Georges Kaitholil, <u>Je veux devenir leader,</u> Editions Médiaspaul, Kinshasa, 2014.

5. Gilis Charles André, Kasa Vubu no coração do drama congolês, Bruxelas, Editions. Europe Afrique, 1964.

6. Henri Mintzberg, Structures et dynamique des organisations, Editions d'organisation, Paris, 1991.

7. Jean-Claude Ntuala Kimpuny, Lettre à Kimpa Vita, Editions Mabiki, 2013.

8. Loko Tsumbu A., Joseph Kasa Vubu et l'indépendance de la République Démocratique du Congo, Editions Bibliothèque Nationale/Matadi, 2018.

9. Masiala ma Solo & Consorts, Rédaction et présentation d'un travail scientifique, Editions Enfance et Paix, Kinshasa, 1993.

10. Muanda Nsemi (Ne), Bakulu Batatu, Editions Mpolo Ngimbi, Kinshasa, 1987.

11. Muanda Nsemi (Ne), Vérité et réconciliation, Kinshasa, Editions Mpolo Ngimbi, 1988.

12. Muanda Nsemi (Ne); L'histoire du Kongo Central, Kinshasa, Editions Mpolo Ngimbi, 1990.

13. Muanda Nsemi (Ne), Le livre sacré Makongo, Editions Mpolo Ngimbi, Kinshasa, Agosto de 1992.

14. Muanda Nsemi (Ne), Le combat de l'ABAKO, Kinshasa, Editions Mpolo Ngimbi, 1998.

15. Muanda Nsemi (Ne), L'autonomie des Régions, Editions Mpolo Ngimbi, Kinshasa, 1995.

16. Mumengi, Didier, Panda Farnana: First Congolese Academic, 1888-1930, Editions Harmattan, 2005

17. MUT Gédéon, La vie de Kimpa Vita, Broadway Editions, SD, SL.

18. Nday Wel de Nziem, Isidore, Histoire générale du Congo de l'héritage ancien à la République Démocratique du Congo, Paris, Editions Afrique, 1998.

19. Nseka Makinu, Samuel, The Virtues of a People, SE, SL, 2018.

II.   PERIODIQUES

Ne Muanda Nsemi (Ne), Kongo Dieto, Editions Mpolo Ngimbi, Agosto de 2009.

III.   NOTAS CURSOS

1.   Nzungu Nzungu Benoît, History of Africa, Mbanza-Ngungu, PSI, 1990-1991.

2.   Yata, Histoire de l'Afrique, UNAZA-IPN, Kinshasa, 1975-1976.

IV.   TRADIÇÃO ORAL E OUTRAS FONTES

1.   Entrevista entre A. Loko Tsumbu e Maître Puati Ngoma, Directeur de Cabinet du Président de l'Assemblée Provinciale du Kongo Central, Matadi, Maio de 2019.

2.   Entrevista entre A. Loko Tsumbu com o Sr. Ngoma Mavungu, Matadi, Agosto de 2019.

3.   Microsoft Encarta R, 1993-2008, Microsoft Corporation.

4.   Memorando Aberto dos Professores das Universidades e Institutos Superiores do Kongo ao Presidente da República Democrática do Congo.

5.   Viagem de informação a Mbanza Kongo em Angola no Museu Real do Kongo: Entrevista com o Sr. Luntadila Lunguana e visita a Kulumbimbi, o Cemitério dos antigos Reis do Kongo e a Árvore Misteriosa chamada Yala Nkuwu, em Novembro de 2019.

LÉXICO

A.N.C.: Congresso Nacional Africano.

AKONGO: Senhor, o Deus Todo-Poderoso, Criador do Céu e da Terra.

ABAKO: Aliança da Bakongo que mais tarde se tornou Aliança dos Construtores do Kongo

BAKONGO: Negros que habitam o Império do Kongo, abrangendo actualmente a Namíbia, África do Sul, Angola, Congo Brazza, Gabão até ao sul dos Camarões.

B.D.K.: Bundu dia Kongo, uma igreja místico-político-religiosa com sede em Kinshasa (RDC) criada pelo Grande Mestre da sabedoria Kongo, Ne Muanda Nsemi.

BUKONGO: A Lei Sagrada do Império do Kongo

KATIOPA: África

KIKAYI: Território

KILANSI: Na configuração actual, representa a província.

KIMBUKU: Distrito

KINKIMBA: Escola de Mistérios no Império do Kongo. É uma academia de ciências

KODIA DIA MOYO: Constituição do Império do Kongo

KONGO: Nome de Deus no seu atributo de amor. É um nome sagrado dedicado ao Império do Kongo.

KONGO DIETO: Boletim de ligação do ABAKO, hoje tornou-se um periódico de informação do Grande Mestre da sabedoria Kongo Ne Muanda Nsemi.

LEMBA: Escola Iniciática durante o Império do Kongo onde se ensinava auto-controlo, paz e gentileza.

MAKOKO : Título inicial da Escola de Mistérios de Lemba do 5º grau e não de um Rei do Reino de Makoko que nunca existiu.

MAKANDALA: Líder político-religioso. Instrutor de padres e políticos.

MBAMBA: Escola de Mistérios do Império do Kongo.

MBELE A LULENDO: Espada do Poder

MBANZA KONGO: Cidade Santa, Cidade de Deus, Capital histórica e milenar do Império do Kongo

MFULA NKAZI: Câmara Baixa do Parlamento, composta pelos deputados.

MPEMBA NKAZI: Câmara Alta do Parlamento composto por senadores, chamados "Sumos Sacerdotes" na época do Império do Kongo.

MUELA KONGO: Conclave dos antepassados do Kongo. A alma do Kongo, o governo invisível do arcanjo Ne Muanda Kongo.

NABI KONGO: Grande Mestre da religião do Kongo equivalente a "RABBI" em hebraico.

NE KONGO KALUNGA: Deus omnipresente em seu atributo de amor.

NGUDI A NGANGA: Sumo sacerdote, líder religioso do Império do Kongo.

NKANGI KIDITU : Uma espécie de crucifixo negro utilizado para erradicar as pragas.

NKEMBI : Sino preso ao pescoço do cão ao caçar.

NSINDIKUA: Instrumento utilizado para a circuncisão.

NZIMBU: moeda nacional utilizada principalmente para pagar os militares, uma vez que o exército do Kongo tinha uma força de mais de trezentos mil homens. Foi também utilizado para outras transacções comerciais.

SD: Sem data

SE: Sem edição

SL: Sem localização

ÍNDICE

yes I want morebooks!

Buy your books fast and straightforward online - at one of world's fastest growing online book stores! Environmentally sound due to Print-on-Demand technologies.

Buy your books online at
www.morebooks.shop

Compre os seus livros mais rápido e diretamente na internet, em uma das livrarias on-line com o maior crescimento no mundo! Produção que protege o meio ambiente através das tecnologias de impressão sob demanda.

Compre os seus livros on-line em
www.morebooks.shop

Printed by Books on Demand GmbH, Norderstedt / Germany